NATALE COMPLESSO

LIBRO DA COLORARE

ILLUSTRATO DA ANTONY BRIGGS

QUESTO LIBRO APPARTIENE A

....

COPYRIGHT DI TUTTE LE IMMAGINI ANTONY BRIGGS 2016

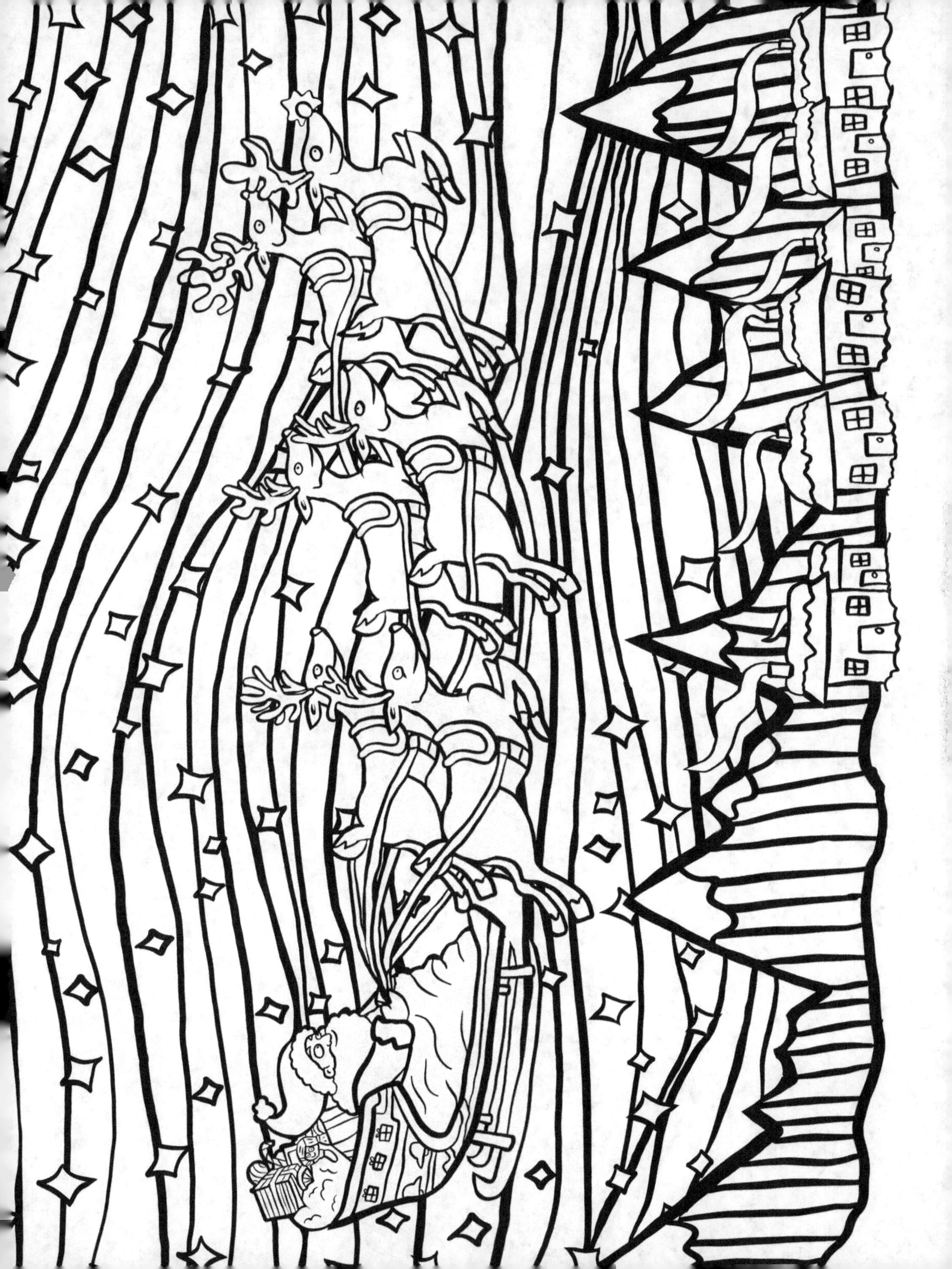

ALTRI LIBRI DELLA SERIE: GATTI, CANI, DRAGHI, CUORI, FIORI, RAGNI E ALTRO ANCORA.

BASTA CERCARE SU AMAZON "ANTONY BRIGGS" O "COLORAZIONE COMPLESSA".

POTETE TROVARE IL NOSTRO SITO ALL'INDIRIZZO:

WWW.COMPLICATEDCOLORING.COM

POTETE CONDIVIDERE IL VOSTRO LAVORO CON NOI SU INSTAGRAM

@COMPLICATEDCOLORING

SE AVETE APPREZZATO QUESTO LIBRO, SI PREGA DI LASCIARE

UNA RECENSIONE SU AMAZON. GRAZIE!

COPYRIGHT DI TUTTE LE IMMAGINI ANTONY BRIGGS 2016

www.ingramcontent.com/pod-product-compliance
Lightning Source LLC
Chambersburg PA
CBHW080732260726
48660CB00010B/3814